CAPITAINE... DE QUOI?

VAUDEVILLE EN UN ACTE

PAR

MM. XAVIER EYMA ET AMÉDÉE DE JALLAIS

Représenté pour la première fois, à Paris, sur le théâtre du Vaudeville, le 21 Juin 1850.

DISTRIBUTION DE LA PIÈCE.

STANISLAS GOBILLOT.	MM. Ambroise.
BOULMANN.	Henry-Alix.
JOSEPH.	Bastien.
LÉON.	Lagrange.
ASPASIE.	Mmes Ballagny.
AMÉLIE.	Virginie Mercier.
DEUX AGENTS DE POLICE.	

1850

CAPITAINE... DE QUOI?

Le théâtre représente un salon d'attente d'un hôtel à Cologne, meublé d'une manière simple, mais convenable. — Grandes portes au fond ouvertes sur des jardins. — A droite, au premier plan, une porte numérotée cinq; au second plan, une autre porte numéro six. — A gauche; au premier plan, une porte numéro sept; au second plan, une fausse porte, numéro huit.

SCÈNE PREMIÈRE.

GOBILLOT *sort de la chambre de droite n° 5, et se dirige sur la pointe du pied vers celle de gauche. Il écoute un moment, puis il revient sur le devant de la scène.*

Elle dort encore!... ah ça! mais moi-même, suis-je bien éveillé? Que d'événements superposés les uns sur les autres? Il y a six jours, moi, Stanislas Gobillot, je polkais paisiblement au Château-Rouge... lorsqu'un vigoureux coup de poing destiné évidemment à quelque bête à corne me tombe perpendiculairement sur la nuque. Furieux, je me retourne, et je vois devant moi... Qui? un inconnu? Il veut me faire des excuses, je recule à ses avances, nous échangeons nos cartes et rendez-vous est pris pour le lendemain. Mais jugez de mon désapointement lorsque j'apprends au domicile de mon adversaire qu'il avait pris la route de Cologne!.. Soixante minutes après, je roulais moi-même vers le pays qu'illustra Jean-Marie Farina. J'aimerais beaucoup les voyages, si l'on était pas exposé comme je le fus aux cris et aux inconvenances d'enfants d'un âge plus ou moins incommodant qui... grouillaient, c'est le mot propre, tout autour de moi... Heureusement que sur le bateau à vapeur de Strasbourg à Cologne, un dédommagement m'attendait sous les traits charmants d'une jeune fille naïve et candide qui décampait du toit paternel pour éviter, m'a-t-elle dit, d'épouser un monsieur qu'elle ne connait pas même de nom ni de visage. Je trouve le procédé non moins leste que celui de mon inconnu du Château-Rouge; néanmoins j'offre mes services, faisant valoir les dangers qu'une jolie personne pouvait courir dans une ville comme Cologne... où les esprits doivent être très-montés, on accepte, et j'arrive hier soir dans cet hôtel avec ma jolie voyageuse... Trop jolie! car voilà qu'au lieu de chercher mon donneur de coup de poing, je reste ici, attaché comme un imbécile... où comme un amoureux... Ah! j'en suis fou... mais je ne me suis pas encore déclaré... (*Ecoutant de nouveau à la porte de gauche.*) J'entends du bruit... on marche... c'est Amélie...

SCÈNE II.

AMÉLIE, GOBILLOT.

AMÉLIE, *entrouvrant la porte avec inquiétude.*

Vous êtes seul, n'est-ce pas ?

GOBILLOT, *à part.*

O bonheur... (*Haut, allant au devant d'elle.*) Oui... oui...

AMÉLIE, *balbutiant.*

Monsieur...

GOBILLOT.

Mademoiselle...

AMÉLIE.

Lorsque je vous rencontrai, j'étais toute troublée de la faute que je venais de commettre, et que j'aggravais en acceptant la protection d'un étranger...

GOBILLOT.

Je suis français, mademoiselle...

AMÉLIE.

Et par conséquent plein d'honneur...

GOBILLOT.

Je m'en flatte...

AMÉLIE.

Je n'en ai pas moins agi sans discernement...

GOBILLOT.

En me choisissant pour votre protecteur ?

AMÉLIE.

Non ; en m'enfuyant... Mais je n'ai pas eu le temps encore de vous dire que mon intention était de me rendre chez une tante qui demeure à une lieue d'ici, et sur qui je compte pour attendrir mon père.

GOBILLOT.

Il est donc bien féroce, l'auteur de vos jours ?...

AMÉLIE.

Oh ! sa sévérité m'épouvante... mettez donc le comble à votre obligeance, je vous prie, en allant me chercher une voiture.. car je ne puis, je n'ose me confier à un domestique...

GOBILLOT.

Vous accompagnerai-je, mademoiselle ?

AMÉLIE.

Impossible ! y songez-vous ?...

GOBILLOT.

Je monterai à côté du cocher, je ne me sentirai pas loin de vous... ce sera ma récompense...

AMÉLIE.

C'est trop exiger...

* Amélie, Gobillot.

GOBILLOT, *à part.*

Ah! je me déclare...(*Haut avec passion.*) Eh quoi! vous voulez partir, m'abandonner...

AMÉLIE.

Que peut vous faire cela?

GOBILLOT.

Vous me le demandez! vous ne savez donc pas combien ce cœur combustible s'est enflammé...

Air : *Ne vois-tu pas, jeune imprudent.*

Si vous partez, je vais mourir;
Car vous ét's la seule substance
Qui peut sur terre me nourrir.
Loin d' vous pour moi plus d'existence.
Les canaris périss'nt de faim,
Quand leur graine leur est ravie,
Vous ét's pour moi, pauvre serin,
Le mouron qui soutient ma vie !
Vous êtes le mouron de ma vie !

AMÉLIE.

Mais vous me faites peur... Laissez-moi...

GOBILLOT, *s'éloignant un peu.*

C'est vrai... (*A part.*) Je me suis trop déclaré... (*Haut.*) Excusez-moi... J'oubliais que, abandonnant vos pénates, je n'étais probablement pas le but vers lequel se dirigeait votre course. Je ne veux pas donner moins de valeur à la confiance que vous avez hypothéquée sur moi !

AMÉLIE.

Vous alliez m'en faire repentir.

GOBILLOT.

Non! non! je vous en prie! Vous m'avez promis votre reconnaissance, je ferai tout ce que je pourrai pour me contenter de cela.

AMÉLIE.

Merci, mille fois de ce généreux effort, et maintenant je rentre achever mes préparatifs; ils ne seront pas longs... je vous attends... (*Elle rentre dans la chambre de gauche.*)

SCÈNE III.

GOBILLOT, *seul.*

Ah ça! mais je deviens bête à manger des chardons! Comment, stupide animal, tu te figures que la tienne pourra faire oublier à cette jeune fille un amoureux pour lequel elle abandonne ses dieux lares ! Allons donc ! il ne me reste plus qu'à remplir mon rôle de... (*Avec force.*) de quoi? Savez-vous que je fais un très-drôle de métier. Je conduis ici une jeune fille, je la loge, je la protége, et je vais l'aider à rejoindre un autre qui recueillera le fruit de mes peines. Non, pardieu pas! qu'elle s'arrange! car, en vérité, je ne puis prêter la main à une pareille immoralité!... pour le compte d'autrui. (*Réfléchissant.*) Et pourtant si je l'abandonne, que va-t-elle devenir? son père doit être sur sa piste... Allons! allons! je me dévoue corps et... biens. (*Au moment où il va pour sortir, on entend dans la coulisse la voix d'Aspasie.*)

SCÈNE IV.

GOBILLOT,* ASPASIE, *entrant par la droite au fond.*

ASPASIE, *sur le seuil de la porte.*

C'est bien, homme laid, vous me grimperez tout cela plus tard...

GOBILLOT, *terrifié.*

Aspasie! étoiles du ciel!

ASPASIE.

Ah!

Air de *Vive le roi* (d'Henrion).

Oui, me voilà, c'est bien moi,
    Gare à toi.   (*bis.*)
    A ma loi,
    Ah! tu croi
Qu'ainsi l'on échappe.
Détrompe-toi; tu le voi,
    Sans émoi
    J'viens à toi,
    R'garde moi,   (*bis.*)
Enfin, j'te rattrape!
    Oui, c'est moi,
Oui, me voilà, c'est bien moi,
    Gare à toi,   (*bis.*)
    Corbleu, gare à toi.
Tu sais pourtant bien comment
J'my prends dans ma jalousie,
Et c' n'est pas impunément,
Qu'on fait pleurer Aspasie!
Cravache, fouet, bâton,
Tout me sert dans ma colère,
Ces ongl's là n' sont pas d' coton
Et c'te main n'est pas légère.

(*Elle lui frappe sur l'épaule.*)

REPRISE.

* Gobillot, Aspasie.

GOBILLOT, *à part.*

Pas moyen d'esquiver le coup de tonnerre... je vais être macadamisé !

ASPASIE.

Ah ! je te tiens enfin, monstre !...

GOBILLOT, *d'un air tendre.*

Tiens ! c'est toi, mon bon petit chou !....

ASPASIE.

Il n'y a pas de mon petit chou qui tienne !... Oui, moi, en chair et en os...

GOBILLOT, *à part, s'essuyant le front.*

C'est sa présence qui m'y met... en eau.

ASPASIE.

Ah ! ah ! tu ne comptais pas sur moi...

GOBILLOT, *à part.*

Je ne me sens pas sur un lit de roses...

ASPASIE.

Oh ! paltoquet !... Tu espérais t'évaporer en venant à Cologne et te débarrasser de moi à jamais !... Mais quand je me présentai chez toi, et que ton portier m'apprit ta fuite clandestine... je l'avoue, je fus bête au point de vouloir me brûler la cervelle... en m'asphyxiant...

GOBILLOT, *à part.*

Elle ne fait jamais les choses qu'à moitié...

ASPASIE.

Mais je renonçai à cette première pensée qui eût été ma dernière, et je résolus de m'embarquer pour la Californie... Je demandai passage à un canotier parisien ; malheureusement ce jeune Lapeyrouse me répondit qu'il n'était pas bien fixé sur la position de ce paradis, et m'offrit en attendant de me conduire à celui de l'Ambigu... La proposition m'a paru l'être... ambiguë...

GOBILLOT.

Tu n'acceptas point...

ASPASIE.

J'avais trop de principes... et d'autres choses à faire !... Je grimpai tes cinq étages, je hurlai dans la solitude les imprécations de Camille ; et, joignant la pratique à la déclamation, je fis de tes meubles, porcelaines et autres ustensiles de ménage et de chambre à coucher, (*D'un ton très-tragique.*) un affreux amas de ruines, que des chiens affamés ne se seraient pas disputés entre eux !

GOBILLOT.

Mais c'est un sac !...

ASPASIE.

Possible ! mais c'est comme cela ! De plus...

GOBILLOT.

Qu'as-tu fait de plus dans mon appartement, malheureuse !

ASPASIE.

Je me suis emparé du peu de pièces de cinq que contenait ton secrétaire, je me suis mise en route, et me voilà! Je ne sais maintenant ce qui me retient de t'arracher les yeux. (*Elle s'élance sur lui.*)

GOBILLOT *se recule effrayé.*

En place, repos... eh!

ASPASIE.

Explique-moi donc enfin ton indigne conduite.

GOBILLOT.

M'expliquer? Le puis-je, depuis un quart d'heure que tu roules un flot d'imprécations et que tu m'annonces les nouvelles les plus affligeantes sur l'état de mon mobilier? D'ailleurs, que veux-tu que je réponde? Te voilà, j'en suis... désolé! (*Mystérieusement.*) car sache, Aspasie! sache...

ASPASIE.

Quoi?

GOBILLOT.

Que je suis ici pour me faire couper la gorge ou la couper à quelqu'un.

ASPASIE, *avec attendrissement.*

Te battre!... ô ciel!...

GOBILLOT.

Non, sur terre... Il faut que l'un des deux reste sur le champ de bataille.

ASPASIE, *voulant l'entraîner.*

Eh bien! laisses-y ton adversaire, et repartons pour Paris.

GOBILLOT, *redescendant la scène avec indignation.* *

Tu oses me conseiller une lâcheté, après l'affront que je reçus en plein dos... devant plus de neuf cent cinquante spectateurs... sans compter les sergents de ville et les polkeuses de l'endroit!

ASPASIE, *câlinement.*

Et moi qui osais te soupçonner de quelque trahison, mon pauvre petit Stanislas... (*Elle appuie la tête sur l'épaule de Gobillot*)

GOBILLOT.

Aspasie, embrassez cette tête qui vous fut chère. (*Aspasie l'embrasse.*) Embrassez... embrassez... car demain elle ne sera peut-être plus sur ses épaules...

ASPASIE.

Oh! ne dis pas ça... car moi aussi j'en perdrais la tête, tu me donnes la chair de poule... Tu ne te laisseras pas tuer, n'est-ce pas?

GOBILLOT, *d'un ton lamentable..*

Je tâcherai...

ASPASIE.

Tu essaieras plutôt de tuer l'autre... dis?...

* Aspasie, Gobillot.

GOBILLOT, *solennellement.*

Le dieu des combats en décidera ! Adresse une prière à Mars pour qu'il ne me fasse pas descendre dans la bière !...

ASPASIE.

Oh ! oui, que je le prierai...

GOBILLOT.

En attendant, j'ai une petite affaire à régler avec l'aubergiste, entre dans cette chambre qui est la mienne. (*Il lui désigne le numéro 5.*) Livre-toi aux douceurs du sommeil le plus profond que tu pourras trouver, et ne casse rien, les meubles ne m'appartiennent pas...

ASPASIE, *sur le seuil de la porte de droite.*

Ne me laisse pas longtemps seule...

GOBILLOT.

Sois tranquille !

ASPASIE, *lui envoyant un baiser.*

Adieu, mon chéri !...

GOBILLOT, *sentimentalement.*

Adieu ! adieu ! (*Aspasie entre. Avec rage.*) Que le diable t'emporte !...

SCÈNE V.

GOBILLOT, *seul.*

Me voilà dans une situation que je n'ose envisager d'un œil serein !... Sacrebleu ! une femme à sauver, une autre de qui me sauver, un duel sur les bras, ceux de mes fauteuils brisés par cette Aspasie, mon coffre fort affaibli par une saignée qui n'a pas dû être mince, car je sais comment elle s'y prend quand elle vide les sacs !... Mais j'oublie cette pauvre Amélie, elle doit être sur des charbons ardents, expédions-la vite, car si Aspasie la voyait, je ne partirais pas d'ici avec figure humaine. (*Au moment où Gobillot va sortir Amélie entre. Gobillot se précipite sur la porte de la chambre où est enfermée Aspasie et la ferme à double tour.*)

SCÈNE VI.

AMÉLIE, GOBILLOT.

AMÉLIE.

Mon Dieu, que faites-vous donc ?

GOBILLOT, *vivement.*

Je fermais cette porte à clé.

AMÉLIE.

Je le vois bien, mais...

---

* Gobillot, Aspasie.

SCÈNE VII.

GOBILLOT, *s'avançant vers elle et d'un air solennel.*

Mademoiselle, n'approchez pas de ce pan de bois...

AMÉLIE.

Je n'ai rien à y faire...

GOBILLOT.

On ne sait pas!... la curiosité naturelle à votre sexe... (*A part.*) Si j'avais un morceau de cire pour boucher le trou de la serrure.

AMÉLIE.

Mais qu'y a-t-il donc dans cette chambre?

GOBILLOT, *vivement.*

Il y a... (*L'entraînant précipitamment à l'autre bout de la scène.*) Il y a dans cette chambre... un crocodile... pas empaillé... et avec toutes ses dents...

AMÉLIE, *effrayée..*

O mon Dieu! partons bien vite alors...

GOBILLOT.

C'est que je ne suis point encore allé chercher votre voiture, mais je vais immédiatement réparer le temps perdu... je vole à mon devoir...

AMÉLIE.

Allez vite, n'est-ce pas?...

GOBILLOT.

Comme si j'avais des ailes...

AMÉLIE, *montrant la chambre.*

Mais n'y a-t-il pas de danger?

GOBILLOT.

J'ai la clé dans ma poche... Si elle crie, n'y faites pas attention...

AMÉLIE, *étonnée.*

Qui, elle?

GOBILLOT.

Non... lui... le crocodile; enfin ne répondez pas, et cachez-vous bien vite dans votre chambre. (*Il sort par le fond en courant.*)

SCÈNE VII.

AMÉLIE, *seule.*

Brave garçon! que le ciel le conduise et le ramène promptement... car j'ai hâte de partir, je crains toujours l'arrivée de mon père. Mais quelle idée de ne vouloir point me laisser approcher de cette porte, car je ne puis croire que ce soit réellement un crocodile qu'il a enfermé là... Si j'essayais de... (*Au moment où elle se dirige vers la porte on entend le bruit d'une voiture.*) Une voiture... (*Courant au fond à gauche.*) Si c'était mon père! mais non, un jeune homme en descend... c'est Léon! Oh! merci, mon Dieu! (*Elle court au devant de lui.*)

SCÈNE VIII.

LÉON, AMÉLIE

LÉON, *entrant vivement.*

Amélie !

AMÉLIE.

Léon !

LÉON.

Votre père est donc ici ?

AMÉLIE.

Non...

LÉON.

Comment ?

AMÉLIE, *timidement.*

Oui,... sans pitié pour mes larmes, il voulait me forcer à épouser un homme que je ne connais pas, ni de visage, ni de nom seulement ; et je me suis enfuie pour me réfugier chez ma tante.

LÉON, *sévèrement.*

Mais c'est très-grave, cela.

AMÉLIE.

Je n'ai écouté que mon désespoir...

LÉON.

Allons, Amélie, calmez-vous ? quelle que soit la gravité de votre faute, elle n'est pas irréparable....

AMÉLIE.

Merci, vous me pardonnez ?...

LÉON.

Je me rendais chez votre père ; j'allais lui demander votre main, car aujourd'hui je suis riche, et il ne me la refusera plus...

AMÉLIE.

Je crains tout de sa colère à présent.

LÉON.

Je l'apaiserai... Je vous conduirai chez votre tante, et nous vous y apporterons votre pardon et mon bonheur, je l'espère..

AMÉLIE.

Alors nous partirons bien vite.

LÉON.

Oui ; mais en attendant, rentrez dans votre appartement et n'en sortez pas que je ne vous prévienne ;... ne vous exposez pas à ce que des amis de votre père, les miens peut-être vous voient ici..., cela vous perdrait.

AMÉLIE.

A bientôt ?

LÉON.

Oui...

SCÈNE IX.

Air : Rondeau des *Deux maîtresses*.

Pour racheter, enfant, votre imprudence,
A tous les yeux, vite, cachez-vous bien.
Allez ! comptez ici sur mon silence;
Je serai là; ne redoutez plus rien...

(*Il la conduit jusqu'à la porte de gauche.*)

ENSEMBLE.

LÉON.

Pour racheter, enfant, votre imprudence,
A tous les yeux, vite, cachez-vous bien,
Allez, comptez ici sur mon silence,
Je serai là, ne redoutez plus rien.

AMÉLIE.

Pour racheter, hélas ! mon imprudence,
A tous les yeux je me cacherai bien.
Allons ! je compte ici sur son silence;
Il sera là, je ne craindrai plus rien.

SCÈNE IX.

LÉON, puis JOSEPH.

LÉON.

Et maintenant ne perdons pas une minute (*Appelant.*) Holà ! Joseph !...

JOSEPH, *de la coulisse*.

On y va, on y court... (*Entrant.*) on arrive ! Que souhaite monsieur Léon ? Jusqu'à concurrence de l'impossible, on fera tout pour M. Léon...

LÉON.

Je n'en demande pas tant. Ne prends pas la peine de monter mes malles, je repartirai dans un instant. Et surtout pas un mot de mon arrivée ici... Tiens, voilà ton silence payé... (*Il lui donne de l'argent.*) Pas un mot, tu entends...

JOSEPH.

Monsieur Léon sait par expérience que la discrétion est l'une des vertus de ma langue et que... (*Léon sort par le fond.*) Tiens ! il est parti !... Ah ! ça, on joue donc à cache-cache dans l'hôtel ? L'un arrive hier avec une femme, et me paye pour me taire sur une chose que j'ignore; l'autre arrive tout seul et me recommande également la discrétion, et je n'en sais pas davantage. Que signifie tout cela ? Est-ce que par hasard ce serait une conspiration pour me rendre muet ?... Ah ! mais, je ne renonce pas comme ça aux habitudes de ma nature !...

SCÈNE X.

JOSEPH, BOULMANN.

BOULMANN.
Sacrebleu! il n'y a donc personne dans cette auberge?...

JOSEPH.
Voilà! on y va, on y court... on y court!... bourgeois...

BOULMANN, *avec fureur.*
Capitaine! (*Il examine partout.*)

JOSEPH.
Désirez-vous une chambre?

BOULMANN.
Oui, d'abord.

JOSEPH, *lui montrant la chambre de droite.*
Celle-ci, le numéro 6.

BOULMANN.
C'est bien!

JOSEPH.
Jusqu'à concurrence de l'impossible on fera tout pour vous, bourgeois.

BOULMANN.
Capitaine!...

JOSEPH, *à part.*
C'est un tic chez lui...

BOULMANN.
Répondez.... N'est-il pas arrivé ici une femme dont voici le signalement : yeux bleus, cheveux châtains, taille moyenne..*

JOSEPH.
Yeux bleus, cheveux châtains, taille moyenne?...

BOULMANN.
C'est exact.

JOSEPH.
Oui... oui... oui... Laissez donc... Ah! nous avons un monsieur...

BOULMANN.
C'est d'une jeune fille qu'il s'agit, imbécile!...

JOSEPH.
Que ne le disiez-vous tout de suite, c'est bien différent... Eh bien! (*Réfléchissant.*) nous n'avons pas... nous n'avons pas...

BOULMANN, *levant sa canne pour le frapper.*
Te moques-tu de moi, drôle?

JOSEPH.
(*A part.*) Il a été mordu... c'est sûr! (*Haut.*) Tenez, monsieur...

---

* Ce signalement doit être modifié évidemment, suivant l'actrice qui remplit le rôle d'Amélie.

SCÈNE X.

BOULMANN.

Capitaine!... sacr.....

JOSEPH.

Tenez, monsieur, capitaine... ne m'interrogez pas, je ne puis vous répondre... j'ai juré de ne rien dire...

BOULMANN, *mettant la main à la poche.*

Ah!... et moyennant?

JOSEPH.

J'ai vendu le silence de ma langue vingt francs...

BOULMANN.

En voilà quarante pour que tu parles...

JOSEPH.

Eh bien!... J'ai entr'aperçu une jeune dame qui répond à peu près au passe-port que vous me détaillez, du moins autant que j'ai pu en juger à travers l'énorme manteau qui l'enveloppait des pieds à la tête; en entrant ici elle était pendue...

BOULMANN.

Hein!...

JOSEPH.

Pendue au bras d'un monsieur...

BOULMANN.

Le même vêtement les abritait?

JOSEPH.

Oui; ils se le partageaient, ce sont sans doute des communistes qui voyagent incognito.

BOULMANN.

Un homme...

JOSEPH.

Dont voici le signalement : favoris rougeâtres, nez un peu de la couleur des favoris, paletot marron, pantalon blanc.

BOULMANN.

Et ils sont ici tous deux ?

JOSEPH.

Avec leur manteau.

BOULMANN, *inquiet.*

Et ils n'ont partagé... que cela !

JOSEPH.

Ah! Je ne sais pas... Dans ce moment la dame est seule, si vous vouliez lui parler,..

BOULMANN.

Non !

JOSEPH.

Ou prendre quelque chose?

BOULMANN.

Laisse-moi tranquille, animal, j'attendrai... va-t-en.

JOSEPH.

Oui, monsieur.

BOULMANN.

Capitaine !

JOSEPH.

Oui, capitaine! (*Il sort.*)

SCÈNE XI.

BOULMANN, seul.

Oh! je veux tirer de cet affront une éclatante vengeance!... Quels moyens ce Faublas a t-il pu employer pour séduire ma pauvre fille?... Oh! je voudrais l'avoir là sous la main... je le briserais comme cette canne... ou plutôt non, je lui briserais cette canne sur le dos... je le.. sortons, car la colère m'étouffe!.. (*Il sort à droite par le n° 6 au moment où Gobillot entre par le fond.*)

SCÈNE XII.

GOBILLOT,* puis BOULMANN et JOSEPH.

GOBILLOT, essoufflé.

Enfin! tout est prêt, et je n'en suis pas fâché, car je commençais à craindre quelque triste affaire... je me suis fourré dans un vilain marais... il faut en sortir... cette pauvre enfant doit être dans une cruelle inquiétude... avertissons-la... (*Il va à la porte d'Aspasie, écoute et regarde par la serrure.*) Celle-ci dort... tant mieux... mettons le temps à profit... (*Il se dirige tout doucement vers la chambre d'Amélie, Joseph entre alors au fond et entrouvre mystérieusement la chambre de Boulmann.*)

JOSEPH, appelant.

Capitaine!... (*Montrant Gobillot.*) C'est lui... l'homme au pantalon blanc...

BOULMANN.

Bon!... (*Joseph s'éloigne.*)

GOBILLOT, à la porte d'Amélie.

C'est égal, j'éprouve quelque tiraillement à me séparer d'elle... (*Au moment de frapper, Boulmann s'avance et lui frappe rudement sur l'épaule.*) Que veut cette sinistre figure?.. (*Il s'apprête de nouveau à frapper.*)

BOULMANN le saisit au collet.

Arrête, misérable...

GOBILLOT, essayant de se dégager.

Mais c'est vous qui m'arrêtez...

BOULMANN.

Oui, je t'arrête sur le seuil de ta porte criminelle... gredin!

GOBILLOT, se débattant.

Vous m'étranglez... vous m'étranglez.

---

* Gobillot, Boulmann.

SCÈNE XII.

BOULMANN.

Vous aviez oublié... que les filles ont ordinairement des pères...

GOBILLOT.

Cela est vrai quelquefois, je ne le conteste pas... elles en ont même souvent plusieurs... (*A part.*) Ce doit être le père d'Amélie...

BOULMANN.

Eh bien ! je viens venger mon honneur outragé.

GOBILLOT, *à part.*

Ça tourne au drame ! fichtre ! (*Haut.*) Monsieur...

BOULMANN.

Appelez moi capitaine !

GOBILLOT.

Capitaine, soit... J'ignore la cause de vos emportements, et je...

BOULMANN.

Pas un mot, ou je vous jette par la fenêtre...

GOBILLOT.

Pas de bêtises, s'il vous plaît; si je tombais sur quelqu'un, ça pourrait le tuer.

BOULMANN.

La justice est là, et c'est elle à qui je vais vous livrer.

GOBILLOT, *à part.*

Payons d'audace,... (*Haut.*) Au fait, que voulez-vous? Que demandez-vous, monsieur ?

BOULMANN.

Appelez-moi capitaine...

GOBILLOT.

Capitaine, soit... eh bien ! après ?

BOULMANN.

Ce que je demande, misérable, c'est ma fille que tu as séduite, enlevée, cachée dans quelque antre...

GOBILLOT.

Moi !...

BOULMANN.

Oui, toi...

GOBILLOT.

Je ne sais pas ce que vous voulez dire, je ne sais pas où est votre fille, moi, je ne sais pas même si vous en avez une...

BOULMANN.

Ah ! vous niez !... Mais le garçon dont vous aviez acheté le silence m'a tout dit...

GOBILLOT, *à part.*

Aïe !...

BOULMANN.

Vous voilà confondu !

GOBILLOT, *à part.*

Oh ! lumineuse idée !... (*Haut.*) Ecoutez, monsieur...

BOULMANN.

Capitaine, donc!...

GOBILLOT.

Soit, écoutez... (*Après avoir réfléchi.*) Mais capitaine de quoi ? enfin.

BOULMANN.

Qu'est-ce que cela vous fait ?

GOBILLOT.

Rien du tout... Capitaine donc...

BOULMANN.

Très-bien !...

GOBILLOT, *à part.*

Je voudrais pourtant bien savoir de quoi il est capitaine... enfin... (*Haut.*) Je tombe depuis ce matin sur des gens ou plutôt il me tombe des gens qui ne me permettent pas de parler. Les uns veulent m'arracher les yeux... les autres veulent me jeter par la croisée...

BOULMANN.

Je suis de ceux-là...

GOBILLOT.

Je ne prétends pas vous disputer vos instincts féroces.

BOULMANN.

Ah! c'est que je saurai bien vous faire marcher au pas.

GOBILLOT, *à part.*

Au pas!... c'est un capitaine d'infanterie (*Haut.*) Mais je veux m'expliquer, que diable! (*Il cherche à prendre une prise dans la tabatière que Boulmann lui retire sans cesse.*) car la moutarde me monte au nez à la fin! (*Boulmann prend une prise, Gobillot éternue.*)

BOULMANN.

Vous avez beau prendre vos grands airs on ne me désarçonne pas facilement.

GOBILLOT, *à part.*

Désarçonner... je me trompais... c'est dans la cavalerie.

BOULMANN.

Que pouvez-vous dire pour vous justifier?

GOBILLOT.

Je vous poserai une simple question. Avez-vous l'honneur de me connaître?

BOULMANN.

Non, heureusement pour moi...

GOBILLOT.

Vous pouvez dire heureusement pour tous les deux, car la sympathie que nous éprouvons l'un pour l'autre est extrêmement limitée...

BOULMANN.

Je n'y tiens pas...

GOBILLOT.
Ni moi non plus...
BOULMANN.
Continuez...
GOBILLOT.
Je recommence : je disais donc que, ne vous connaissant pas, il est impossible que j'aie pu connaître votre fille, la séduire et l'enlever...
BOULMANN.
Mais cette femme introduite ici, hier soir, à l'abri d'un manteau que vos épaules partageaient?...
GOBILLOT.
En raison de votre âge et de vos services... capitaine, car je suppose que vous avez des services, et des rhumatismes, je consens à vous confesser ce qu'il en est...
BOULMANN.
Vous avouez donc...
GOBILLOT, *mystérieusement.*
Que cette femme que j'accompagnais hier est..
BOULMANN.
Achevez...
GOBILLOT, *remonte mystérieusement la scène et passe à droite en redescendant.* *
La première dame d'honneur d'une princesse polonaise extrêmement réfugiée, et qui voyage incognito pour sa santé...
BOULMANN.
Ta! ta! ta!... Il me faut des preuves...
GOBILLOT.
Vous les aurez... (*Il entre dans la chambre puis en ressort.*) Vous les aurez, capitaine... (*Il rentre.*)
BOULMANN.
Dirait-il vrai? Et ne serais-je pas sur les traces de ma fille ? Aurais-je inutilement ensemencé d'or les poches de cet avide garçon d'auberge !... Ah ! mais j'en ai très-peur.

SCÈNE XIII.

BOULMANN, ASPASIE, *conduite par Gobillot.*

ASPASIE, *dans la coulisse.*
Comme je dormais biens!
GOBILLOT, *présentant Aspasie.* **
Voilà !
ASPASIE.
Qu'est-ce que c'est que ce bonhomme-là? Connais pas, moi...

---

* Boulmonn, Gobillot.
** Boulmann, Aspasie, Gobillot.

BOULMANN.
C'est merveilleux !
GOBILLOT.
Voilà une preuve, j'espère...
ASPASIE.
Une preuve !... ah ça ! sommes-nous en cour d'assises, et suis-je une pièce de conviction, à présent ?...
GOBILLOT, *bas à Aspasie.*
Ne démens pas un mot de ce que je vais dire si tu veux que je te pardonne ton escapade... (*A Boulmann.*) Madame Lodoïska de Polkanska...
ASPASIE, *saluant.*
Môsieur... (*Boulmann fait un geste d'impatience.*)
GOBILLOT, *à Aspasie.*
Dites, capitaine... (*A Boulmann.*) Elle ne sait pas, elle ne sait pas...
ASPASIE.
Ah ça ! qu'est-ce qu'ils ont donc ?
BOULMANN.
Je suis confondu... (*A Gobillot.*) Vous n'aviez pas d'autre femme avec vous ?...
GOBILLOT.
Me prenez-vous pour un débitant d'esclaves ?...
BOULMANN, *à Aspasie.*
Ainsi vous connaissez monsieur... depuis ?...
GOBILLOT, *bas à Aspasie.*
Ne dis que ce que je te soufflerai... (*Il lui parle bas à l'oreille.*)
ASPASIE.
Je connais môsieur depuis deux mois que je fis sa rencontre à... Mab...
GOBILLOT, *bas à Aspasie.*
Chut !... malheureuse... (*A part.*) J'ai une pelotte d'épingles dans chaque pied...
BOULMANN.
Et monsieur vous accompagne ?... (*Gobillot lui souffle un mot à l'oreille.*)
ASPASIE.
Oui... sur le cornet à piston, quand je... (*Elle va pour danser.*)
GOBIELOT, *l'arrêtant.*
Chut donc ! assez !
BOULMANN, *à part.*
Cette dame ne comprend pas très-bien le français... (*A Aspasie.*) Je veux dire qu'il vous escorte... (*Gobillot lui parle bas.*)
ASPASIE.
Ah bien !... il est docile et fidèle comme un chien d'aveugle... il m'escorte partout où je veux, à la Chaum...
GOBILLOT, *bas à Aspasie.*
Tais-toi donc !...

SCÈNE XIII.

BOULMANN.

Et c'est hier soir que conduite par lui vous êtes arrivée dans cet hôtel?...

GOBILLOT, *soufflant.*

Dis qu'oui...

ASPASIE.

Qu'oui...

BOULMANN, *étonné.*

Qu'oui?

ASPASIE.

Hier soir à la brune...

GOBILLOT, *bas à Aspasie.*

La nuance n'y fait rien...

BOULMANN.

Et vous voyagez pour votre agrément?

GOBILLOT, *à Aspasie.*

Dis que tu viens prendre les eaux.

ASPASIE.

Je viens prendre les eaux... de Cologne.

GOBILLOT, *à Aspasie.*

Tempère... tempère...

ASPASIE.

Ah ça! est-ce qu'il va m'interroger longtemps comme ça, ce gros bouledogue-là?

GOBILLOT, *bas à Aspasie.*

C'est le commissaire de police du quartier; il cherche un évadé...

ASPASIE.

Tiens! est-ce que j'ai l'air de ça, moi?

GOBILLOT.

Réponds tout de même, il y va de ma tête.

ASPASIE.

De ta tête!... elle m'appartient!... (*A Boulmann qui est pensif et réfléchi.*) Dites donc, monsieur le commissaire...

GOBILLOT.

Appelle-le capitaine, c'est un goût qu'il a comme ça...

ASPASIE, *à Gobillot.*

Capitaine de quoi?

GOBILLOT.

Est-ce que je sais, moi... mais ça le flatte...

ASPASIE, *à Boulmann.*

Dites donc, monsieur le commissaire capitaine... avez-vous encore quelque chose à me demander?

BOULMANN.

Hélas! toutes vos réponses m'ont confondu. Il ne me reste plus qu'à vous remercier de votre extrême obligeance, et à offrir mes excuses à monsieur, s'il veut les accepter...(*Il s'avance vers Gobillot.*)*

---

* Aspasie, Boulmann, Gobillot.

GOBILLOT.

Et une prise de tabac avec... (*A part.*) J'en reviens d'une belle.

ASPASIE

Ainsi, vous êtes bien convaincu définitivement que monsieur n'est pas un évadé.

BOULMANN.

Non, et je vais porter en d'autres lieux ma douleur paternelle... (*Il remonte la scène.*)

ASPASIE.

Tiens! c'est donc votre fils qui s'est évadé...

BOULMANN, *revenant.*

Mais non, c'est ma fille!...

GOBILLOT *à part.*

Je suis flambé!...

BOULMANN.

Oui, ma fille, et d'après les renseignements, faux à ce que je vois, que m'avait donnés le garçon de cet hôtel, je soupçonnais monsieur d'être l'auteur de l'enlèvement. Je me suis trompé, permettez-moi de me retirer... (*Il gagne le fond.*)

ASPASIE, *vivement.*

Arrêtez, père désolé, votre fille vous a été ravie, dites-vous? et vous en soupçonnez monsieur; mais alors je me rétracte entièrement.

GOBILLOT, *à part.*

Elle va faire quelque sottise...

ASPASIE.

Tout ce que je vous ai dit est faux! Ah! je commence à voir clair dans la conduite de ce perfide.

GOBILLOT.

Aspasie!

BOULMANN.

Comment, Aspasie!

GOBILLOT, *à part.*

Aïe!... je suis pincé.

ASPASIE.

Oui, Aspasie, surnommée Polkanska, vu la réputation que je me suis faite dans ce genre de danse... (*Elle danse quelques pas de polka, pendant lesquels Boulmann la suit et passe à droite.*) *

BOULMANN.

Quelle gaillarde!

ASPASIE.

Oui, Aspasie, la maîtresse de ce rien du tout qui m'abandonnait lâchement pour séduire votre fille. Car c'est lui, soyez en persuadé qui vous a dérobé le bâton des cheveux blancs... que vous devez avoir sous votre perruque...

---

* Gobillot, Aspasie, Boulmann.

SCÈNE XIII.

BOULMANN.

Ainsi vous ne l'accompagniez pas hier soir?

ASPASIE.

Jamais! j'arrive il y a une heure à peine, poursuivant ce pas grand'chose...

BOULMANN, à *Gobillot*.

Qu'avez-vous à répondre à cela ?

GOBILLOT.

Monsieur...

BOULMANN, *frappant du pied et criant très-fort.*

Capitaine!... morbleu!... capitaine!

GOBILLOT.

Eh bien! capitaine encore une fois, soit. (*A part.*) Il fait trop de bruit pour ne pas être dans le train. (*Haut.*) J'ai à répondre que je commence à être fort ennuyé de vos cris. Votre fille est ici, c'est vrai.

ASPASIE.

Vous le voyez!...

BOULMANN, *le menaçant*.

Ah! scélérat!

GOBILLOT.

Mais non par le fait d'un enlèvement, comme vous me le cornez aux oreilles depuis ce matin. Je l'ai rencontrée fuyant votre domicile paternel, mais je ne suis pour rien dans cette éclipse que je comprends fort bien depuis que j'ai eu le désagrément de faire votre connaissance.

BOULMANN.

Cette fable est ingénieuse, mais je n'y ajoute aucune foi, et je vais de ce pas quérir la justice...

GOBILLOT.

Allez au diable, monsieur!

BOULMANN, *furieux*.

Capitaine, s'il vous plaît!...

GOBILLOT.

Eh bien! non! pas capitaine; n'ayant plus aucune espèce de ménagement à garder, je dis : monsieur...

BOULMANN.

Nous nous reverrons...

GOBILLOT.

Je n'en suis pas pressé.

AIR : *Au-dessus de l'entresol.*

BOULMANN.

Oui, je cours chercher la garde;
Ici même elle viendra;
Et pour peu qu'elle ne tarde
Bien vite on vous pincera.

(*Aspasie s'interpose entre Boulmann et Gobillot qui veulent se jeter l'un sur l'autre.*)

BOULMANN, *à Gobillot.*

Tu me payeras bien cher cet outrage;
Oui, j'en réponds sur mon honneur.

ASPASIE.

Mon Stanislas, calme ta rage.

GOBILLOT.

Je m'en vais fair' quelque malheur.

ENSEMBLE.

BOULMANN.

Oui, je cours chercher la garde, etc.

ASPASIE, GOBILLOT.

Il s'en va chercher la garde
Ici même elle viendra,
Et pour peu qu'elle ne tarde,
Bien vite on me/le pincera.

(*Boulmann sort furieux.*)

SCÈNE XIV.

ASPASIE, GOBILLOT.

GOBILLOT.

Et vous, malheureuse, rentrez sous ce plancher...

ASPASIE.

Écoute-moi... mon petit Stanislas...

GOBILLOT.

Ne m'approchez pas, ou je ne réponds plus de ce qui peut arriver....

DUO.

AIR : de la *Gardeuse de dindons.* (Va, mon doux ami.)

ASPASIE, *s'approchant peu à peu.*

Mon petit chéri,
Point de souci ;
N' boud' pas ainsi !
Ne me gronde pas,
Si sur tes pas
Tu m' vois, hélas !
Oh ! je t'aime tant !
Et le cœur tremblant,
De craint' palpitant,
Sans perdre un moment,

SCÈNE XIV.

Je vins à l'instant.
Et j' sens maintenant
Qu' mon bonheur est grand
Sur ton cœur aimant.

GOBILLOT, *apaisé*.

Ton regard câlin
A mon chagrin
Sait mettre fin.

ASPASIE.

Te voilà genti,
Mon cher ami,
Et j' t'aime ainsi.

GOBILLOT.

Sourire enchanteur
Qui charme mon cœur.

ASPASIE.

Reviens au bonheur !...

GOBILLOT.

Je n' demande pas mieux !
L'éclat de tes yeux
Nous rend à tous deux
Le calme précieux
Qu'en c'moment je veux...

ENSEMBLE.

ASPASIE.

Mon petit chéri, etc.

GOBILLOT.

Ton petit chéri
N'a plus d' souci;
N' pleure pas ainsi,
Je ne gronde pas,
Si sur mes pas
J' te vois, hélas !
C'est que tu m'aimes tant,
Que le cœur tremblant,
De craint' palpitant,
Sans perdre un moment,
Tu vins à l'instant,

Et j'sens maintenant
Qu' mon bonheur est grand
Sur ton cœur aimant.

(*Gobillot l'embrasse sur le front.*)

ASPASIE.

Je veux une explication cependant...

GOBILLOT.

Tu l'auras... (*Passant à droite.*) Mais tout cela est bel et bien, il faut pourtant que je me venge sur quelqu'un.

SCENE XV.

LES MÊMES, LÉON. (*Il entre précipitamment.**)

GOBILLOT.

Ciel! ah! je le tiens enfin ; celui-là paiera pour tous ! (*Il se place devant Léon.*)

LÉON.

Que signifie?...

GOBILLOT.

Vous ne me remettez pas, ou du moins vous feignez de ne pas me reconnaître.

LÉON, *examinant*.

C'est en vain que je cherche, monsieur.

GOBILLOT, *lui montrant le dos*.

Et comme cela?

LÉON.

Pas davantage.

GOBILLOT, *dansant la polka et passant à droite.***

Et ainsi?

LÉON.

Vous voulez plaisanter, sans doute?...

GOBILLOT.

Regardez-moi bien sur toutes les faces, et dites-moi si mon torse, vu de dos, ne vous rappelle pas les violences qu'il vous a inspirées...

ASPASIE.

Au Château-Rouge....

LÉON.

Quoi! vous seriez?...

GODILLOT.

L'homme au coup de poing, et qui brûle de se venger d'une tache qui aurait déjà été lavée sans votre départ un peu hasardé.

---

* Gobillot, Léon, Aspasie.

** Léon, Gobillot, Aspasie.

SCÈNE XV.

ASPASIE.

Et qui m'a fait faire, à moi, un voyage pas agréable du tout.

LÉON.

Une affaire pressante...

GOBILLOT.

On en a toujours dans ces cas-là.

LÉON.

Monsieur...

GOBILLOT.

Monsieur, si vous vous fâchez, tant mieux ; car vous êtes cause que je suis pillé, brisé, volé et accusé de rapt avec des circonstances extrêmement aggravantes.

ASPASIE.

Mets-y du calme, mon petit Stanislas !...

GOBILLOT.

Laissez-moi...

LÉON.

Croyez que je regrette ce qui a pu vous arriver à cause de moi, et j'en suis d'autant plus fâché que je ne puis encore en ce moment vous donner la satisfaction que vous réclamez.

GOBILLOT.

Ah ! sacrebleu ! monsieur...

ASPASIE.

Au nom du ciel, Stanislas !...

LÉON.

Je croyais avoir à faire à un galant homme, je vois que je me suis trompé ! Sortons, monsieur.

GOBILLOT.

Enfin ! (*Ils se dirigent tous les deux dans le fond.*)

ASPASIE, *criant*.

Au secours ! au feu ! à l'assassin !

SCÈNE XVI.

LES MÊMES, AMÉLIE, *sortant de sa chambre.**

AMÉLIE.

Mon Dieu ! pourquoi ces cris ? que se passe-t-il donc ?

GOBILLOT.

Amélie !

ASPASIE.

Ah ! voilà l'évadée...

LÉON.

Amélie, rentrez, je vous en supplie. (*A Gobillot.*) C'est pour la sauver que je réclamais ce délai, que vous m'avez refusé.

GOBILLOT.

Vous voulez dire pour vous sauver tous les deux ! Ah ! c'est pour lui que je... travaillais. Sortons, monsieur.

* Amélie, Léon, Gobillot, Aspasie.

AMÉLIE.
Monsieur Gobillot, soyez encore une fois bon et généreux !
ASPASIE.
Tiens ! elle connait tout le monde, cette petite...
LÉON.
Vous connaissez monsieur ?...
AMÉLIE.
Monsieur a eu la bonté de me protéger pendant toute la route.
LÉON.
S'il en est ainsi, je ne consentirai jamais à tirer l'épée contre un aussi galant homme.
GOBILLOT.
Nous prendrons des pistolets alors.

AIR : *Ces postillons sont d'une maladresse.*

Allons, monsieur, sur le champ de bataille
Sans plus tarder dirigeons-nous.
Suivez-moi donc, le feu de la mitraille
Pourra seul calmer mon courroux ;
Car j' serais heureux de me défair' de vous.
Deux pistolets f'ront cesser nos alarmes,
N'en chargeons qu'un, et l'honneur sera vengé.
Comme l'offensé, moi j'ai le choix des armes,
J' prends le pistolet chargé.   (*bis.*)

Allons, monsieur, sortons...

SCÈNE XVII.

LES MÊMES, JOSEPH, AMÉLIE, LÉON, GOBILLOT, ASPASIE, *puis* BOULMANN.

JOSEPH, *accourant.*
Voilà la police, la garde, la justice, la gendarmerie, les menottes, tout le tremblement que j'en tremble à m'écorner les dents...
ASPASIE.
Sauve qui peut !... (*Ils se dirigent tous en courant vers le fond.*)
JOSEPH, *les arrêtant.*
Impossible ! de tous les côtés l'hôtel est ceint, et il ne le serait pas d'essayer de fuir... pi ! pan !...
AMÉLIE.
Mais qu'y a-t-il donc ?
GOBILLOT.
Votre père est sur vos traces...

* Amélie, Léon, Joseph, Gobillot, Aspasie.

SCÈNE XVII.

ASPASIE.
Et c'est Stanislas qu'il accuse de vous avoir enlevée...

AMÉLIE.
Ciel! il me tuera...

JOSEPH.
Voulez-vous vous déguiser avec les insignes de mes fonctions?...

BOULMANN, *dehors.*
Veillez bien à ce qu'ils ne s'échappent pas...

JOSEPH, *criant.*
Prenez garde aux coups de fusils!... ah!... (*Il passe à droite.*)

BOULMANN, *entrant et désignant Gobillot à deux agents de police.*
Assurez-vous de cet homme...

GOBILLOT.
Mais je réclame contre cette assurance...

ASPASIE.
Enchaînez-moi avec lui...

AMÉLIE, *aux pieds de Boulmann.*
Mon père!... je vous supplie!...

BOULMANN.
Relevez-vous, malheureuse!...

LÉON.
Pardonnez-moi, monsieur Boulmann, si j'interviens...

BOULMANN.
Léon!... ah! je commence à comprendre!...

LÉON.
Oui, le coupable c'est moi!... c'est pour moi qu'elle fuyait... et je l'ai retrouvée ici, alors que j'allais vous demander sa main.

BOULMANN.
C'est impossible! j'ai engagé ma parole à un vieil ami d'enfance qui m'a proposé un de ses parents dont il m'annonce l'arrivée prochaine... un charmant jeune homme nommé Stanislas Gobillot...

GOBILLOT, *stupéfait.*
Stanislas Gobillot!

ASPASIE.
Je suis dégommée.

AMÉLIE.
Que dites-vous là, mon père?

GOBILLOT.
Oui! que dites-vous là, notre père?.. car je puis vous donner ce doux nom, puisque ce Stanislas Gobillot, c'est moi.

BOULMANN.
Vous!

* Léon, Amélie, Boulmann, Gobillot, Aspasie, Joseph *un peu au fond.*

GOBILLOT.
Depuis le premier sel que j'ai mangé je n'ai pas eu d'autre nom.

ASPASIE.
En voilà un qui a de la chance !

AMÉLIE.
J'aime Léon depuis longtemps, vous le savez...

GOBILLOT.
Eh bien ! c'est entendu, capitaine Boulmann... et laissez-moi vous presser sur mon cœur... (*Il veut l'embrasser, Boulmann le repousse.*)

BOULMANN.
Pardon, monsieur...

GOBILLOT.
Capitaine !... Ah !... non... non... pardon c'est vous.

BOULMANN.
Je ne donne pas ma fille à un homme qui fréquente les dames d'honneur de princesses étrangères...

GOBILLOT.
Mais...

BOULMANN, *étendant la main comme pour bénir Amélie et Léon.*
Voilà !...

AMÉLIE ET LÉON.
Oh ! merci !...

GOBILLOT.
Je suis joué au même (*A Aspasie.*) Vipère ! va !...

JOSEPH.
Je vas commander un grand festin, pas vrai, monsieur...

BOULMANN.
Capitaine !...

GOBILLOT, *à part.*
Tiens ! capitaine... c'est vrai, au fait... (*Bas à Boulmann.*) Dites donc, là, entre nous, vous pouvez bien me confier ce de quoi êtes-vous capitaine... car je cherche...

BOULMANN.
Vous tenez donc bien à le savoir..

GOBILLOT.
Oui...

BOULMANN.
Je suis un ancien capitaine du Génie...

GOBILLOT.
Ah ! le Génie est votre arme ?... (*A part.*) je ne m'en serais pas douté... il n'a rien dit qui puisse le faire soupçonner...

BOULMANN.
Non... non... capitaine du *Génie*, bateau à vapeur ainsi nommé, qui naviguait jadis de Paris à Saint-Cloud.

GOBILLOT.
Ah bien !... (*A Léon.*) Mais avec tout cela, vous me prenez ma femme, et je garde votre coup de poing...

SCÈNE XVII.

LÉON.
Il ne vous était pas destiné, et croyez que.....

ASPASIE.
Accepte ses excuses, va, et partons pour Paris, on y oublie bien vite une jeune fille qu'on devait épouser, et qui se fait enlever par un autre...

GOBILLOT.
Elle a ma foi raison, ça sera l'affaire d'une polka.

ENSEMBLE :

Final de *L'Ami malheureux*.

Allons ! partons pour cette belle France
Où tout est soumis au hasard.
Amours, plaisirs, font une contredanse
Dont chacun peut prendre sa part.

ASPASIE, *au public.*

Air : *Le baiser au porteur.*

Un même sort toutes deux nous rassemble,
La pièce et moi, tout près du même écueil.
Messieurs, faut-il devant vous que je tremble
En implorant l'hospitalier accueil
Qu'ici j'invoque en touchant votre seuil ?
Non, n'est-ce pas, aussi je vous en prie,
N'oubliez pas que vos deux mains sont sœurs.
Sur l'une, moi, pendant que je m'appuie,
Veuillez tendre l'autre aux auteurs.

REPRISE DE L'ENSEMBLE.

Allons ! etc., etc.

* Léon, Amélie, Boulmann, Aspasie, Gobillot, Joseph.

FIN.

Poissy. — Typographie ARBIEU.

www.ingramcontent.com/pod-product-compliance
Lightning Source LLC
Chambersburg PA
CBHW060554050426
42451CB00011B/1902